和テイストで楽しむ

英国アフタヌーンティー

白雪いちご

■【無断転載等の禁止】
　本書の内容（本文、図・表等）を、当社および著者との書面による事前の同意なしに、無断で転載（引用、翻訳、複写、データ化）し、配信、頒布、出版することを禁止いたします。
同意なく転載を行った場合は法律上の問題が生じますのでご注意ください。

Ⓡ本書の全部または一部を無断で複写複製（コピー）することは、著作権法上での例外を除き、禁じられています。

Introduction

"お茶を入れてあげる相手もなく、人から必要とされることもなかったら、人生は終わったようなものだと思う"

– オードリー・ヘップバーン –

自分のためではなく他人のために何かをすることが大好きで、それゆえ多くの人から愛された彼女が、「誰かのためにすること」の代表としてあげたのは「お茶を入れてあげる」ことでした。この言葉には、一杯のお茶を誰かと一緒に味わうことの魅力と素晴らしさが表現されています。

19世紀中頃に、英国貴族の間で始まったアフタヌーンティーは、今では日本でも珍しいものではなくなりました。普段の生活からちょっと離れて、ホテルのラウンジやティールームで楽しむ午後のひとときは素晴らしいものです。ロンドンにある *The Ritz London* や *The Savoy*、あるいは *The Dorchester* で本場のアフタヌーンティーを味わえば、きっと忘れられない体験になることでしょう。しかし、それがアフタヌーンティーの楽しみのすべてでしょうか。

以前、イギリスに住む友人に「日本にいれば、世界中の美味しいものが手に入る」と言われたことがありました。たしかに、日本には季節感

にあふれ見た目も美しい和菓子もあれば、世界でトップクラスのパティシエの手による西洋菓子もあります。また、"和洋折衷"ということばもあるように、和風にアレンジされたものを楽しむことができるのも日本ならではでしょう。そんなこの国ならではの、もっと自由で大胆な"和テイストのアフタヌーンティー"があるのでは？そんなことをふと考えたのがこの企画のきっかけでした。

茶道がそうであるように、日本でのお茶の楽しみは季節感抜きに考えられません。そこで、季節を感じることのできる風物や行事、花、色をベースに1月から12月まで、12ヶ月のセッティングを試みました。和室を使用した月、ぱっと見たところはオーセンティックなアフタヌーンティーに近い月、造花を用いて季節感をあえてうらぎるなど、遊び心を楽しんだ月もあります。

上流階級の社交の場以外では、アフタヌーンティーに厳密な作法があるわけではありません。この国でしか味わうことの出来ない"和テイストのアフタヌーンティー"を自由な空間、時間の中で楽しんでみてはいかがでしょう。そのきっかけとして本書がみなさんのお役に立てたなら幸いです。

　　　　　　　　　　　　　　　　　　　　　　　　　　　　白雪いちご

Contents

1 睦月
January

Every man hath two birth-days

---

2 如月
February

Tea for Four ?

---

3 弥生
March

一陽来復　西、東。

---

4 卯月
April

さくら・サクラ・櫻

---

5 皐月
May

薔薇ノ木ニ薔薇ノ花咲ク

---

6 水無月
June

プラントハンターの贈り物

7 文月
July

金魚撩乱

10 神無月
Octover

果物の王様

8 葉月
August

収穫を祝って

11 霜月
November

伝統的で先進的な国

9 長月
September

漱石と倫敦の焼き栗

12 師走
December

冬は贈り物の季節

1月

Every man hath two birth-days

英文学の古典「エリア随筆」にこんな言葉があります。
「誰にも誕生日が二つある。一つは自分の誕生日、もう一つは1年のはじまり」
紅茶で祝うもうひとつの誕生日、そんなお正月はいかがでしょう。
ちなみに、「エリア随筆」の著者チャールズ・ラムが30年間勤めていたのは、
紅茶の輸出で有名なイングランド東インド会社です。

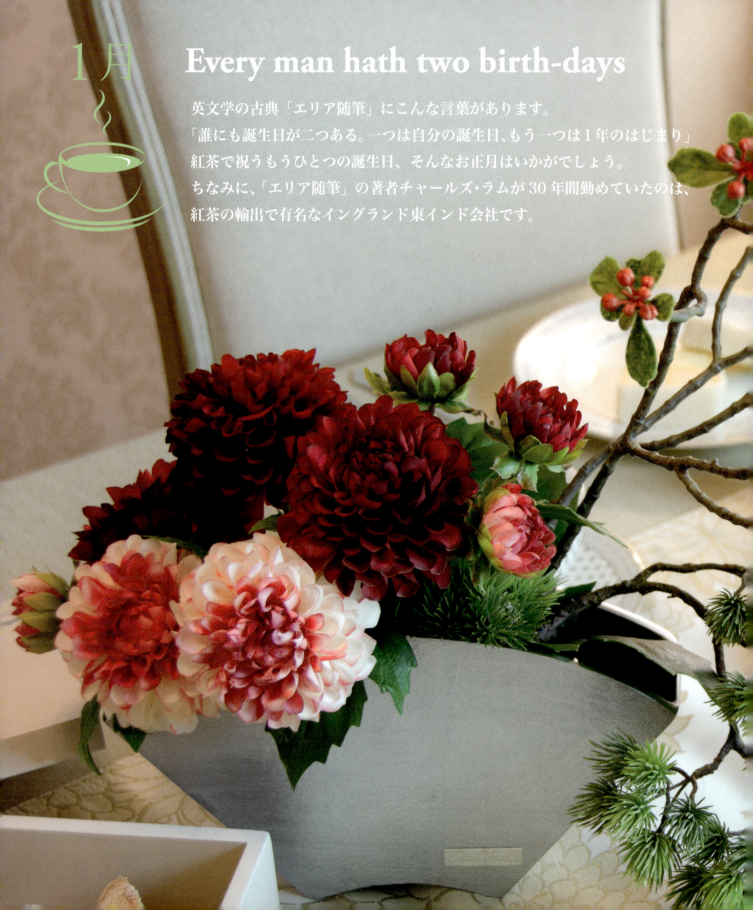

*B*utaterfly *C*akes 🇬🇧

カップケーキの中央をくり抜いてクリームをのせ、取り出したスポンジを蝶に見立てる定番のバタフライケーキ。今回は、レモンといちごをバタフライにかたどったオリジナルにしています。

*B*lack *B*ean *S*cones

*R*oast *B*eef *S*andwiches

THE SANDWICH HOUSE 55

ボリュームのあるサンドイッチを重箱に詰めたかったという理由から、ローストビーフと野菜サンドに。重箱用にオリジナルサイズのサンドイッチになっています。

イギリススコーンのおみせ
「CREAM TEA ～クリームティー」

黒豆と言われたら？やはり煮豆というところが一般的でしょうか。重箱に黒豆のスコーンというのもいいものです。さくさく、ふわふわの黒豆スコーン、いかがでしょう。

afternoon tea **12** *January*

Battenberg Cakes 🇬🇧

2色のスポンジを細長くカットし、ジャムで組み合わせ、周りをマジパンで覆ったシンプルなスポンジケーキです。イギリス菓子としてはカラフルで可愛さが引き立つ、バッテンバーグケーキ。日本の古典模様「市松模様」として見ることができるので、和をアレンジした創作的なものにするのも楽しい気がします。

Japanese Sweets

福梅　鶴屋吉信

紅白で縁起の良い梅の意匠、福梅。
ういろう、白こしあんからなる
上品な上生菓子。
季節の風情を感じる、ひとときを…

風情ある上生菓子と細めで高さのあるバタフライケーキのコラボ。
高低差がそれぞれの存在を引き立てます。

Kaga Temari

てまりは古くからある玩具（おもちゃ）として知られていますが、実物をみたり、手にしたことはありますか…
テーブルに使用した金沢伝統の加賀手まりは、徳川家より加賀藩主に嫁いだ珠姫様がお持ちになったと言われ、金沢では娘が嫁ぐ時に幸せを願って持たせる風習があるようです。
手に取ると暖かい温もりが伝わってきます。美しい絹糸がおりなす、雅な伝統芸術です。

加賀てまり　毬屋

NPO法人　日本手まり文化振興協会

てまりは千年以上の歴史を持つ日本独自の伝統文化です。地方独特の作り方が受け継がれ、それぞれが伝統てまりとして日本各地に伝わっています。

てまりの普及と発展のために「日本のてまり展」が海外にて開催されています。
写真はロンドンにて開催された際に、訪問先の国旗をてまりにデザインしたもの。伝統文化による国際友好が素敵です。

- 本庄御殿てまり(秋田県)
- 野洲てんまり(栃木県)
- 讃岐かがりてまり(香川県)
- 紀州てまり(和歌山県)
- 秋月まり(福岡県甘木市)
- 信州てまり(長野県)
- 愛知川びん細工てまり(滋賀県)
- 栃尾てまり(新潟県)
- 加賀てまり(石川県)
- 柳川てまり(福岡県)
- 江戸てまり(東京都)
- 観音寺てまり(香川県)
- 金助まり(鹿児島県)
- 琉球まり(沖縄県)

Table Cloth

シツラエ　シノノメ　ゴールド
テーブルレシピ（ブルーミング中西）

Table Runner

アサヒ　WH

Table Flower

ダリア　エミリオ・ロバ事業部（イトキン）

Nuwara Eliya
(Sri Lanka)

カップ＆ソーサー
ニッコー㈱ グラナダ シルバー

1972年までの国名が由来となったセイロンティー。スリランカで生産される紅茶の総称として、世界的に耳にすることが多くあります。

セイロンティーの産地であるスリランカでは、茶園と紅茶を加工する工場の標高により、種類が分けられています。

🍃 ハイグロウンティー（High Grown Tea　高産地茶）
標高1,200m～1,800mの産地。渋みと香りが特徴。世界三大銘茶のひとつであるウバ(Uva)、ディンブラ(Dimbula)やヌワラエリヤ(Nuwara Eliya)があります。

🍃 ミディアムグロウンティー（Medium Grown Tea　中産地茶）
標高600～1200mの産地。口当たりが良いので飲みやすく、芳しい香りが特徴。キャンディー(Kandy)などがあります。

🍃 ローグロウンティー（Low Grown Tea　低産地茶）
標高600m以下の産地。濃厚な味で、香りはやや少なめ。ルフナ(Ruhuna)などがあり、チャイにおすすめです。

ヌワラエリヤ
スリランカを代表する紅茶の一つで、標高が高い場所で生産されるハイグロウンティー（高産地茶）。淡いオレンジの水色で、適度な渋みと爽やかな香りが味わえます。ストレートで楽しめる紅茶です。クオリティーシーズンは1月～2月。

2月

Tea for Four？

ドリス・デイやアニタ・オデイの歌声で有名な「二人でお茶を（Tea for two）」。恋する二人が二人きりの甘い未来を夢想するこの歌の通り、誰にも邪魔されない二人だけのバレンタイン・デイも大変結構ですが、もはやこの国のバレンタイン・デイは恋人たちだけのものではありません。気のおけない友人たちとアフタヌーンティーで楽しむバレンタイン・デイをどうぞ。

afternoon tea

Pancake 🇬🇧

イギリスにはパンケーキ・デイ（Pancake Day）というものがあり、この日にパンケーキを食べる習慣があります。
パンケーキといえばふんわりしたものをイメージしますが、イギリスでは「crepe-like」（クレープの様）と表現されており、薄く焼き上げます。粉砂糖をふりかけレモンを絞りいただきます。

Pancake Race

Robin Myerscough

Image Copyright Robin Myerscough. This work is licensed under the Creative Commons Attribution Share Alike 2.0 Generic Licence. To view a copy of this licence, visit http://creativecommons.org/licenses/by-sa/2.0/

パンケーキ・デイにはイギリス各地で「パンケーキ・レース」が行われます。
このレースの発祥の地オルニーには、パンケーキ作りに夢中になり過ぎて時間を忘れた主婦が、鐘の音に気づいてフライパンとパンケーキを持ったまま、家から教会まで走ったというお話が伝わっています。
1445年から行われているバッキンガムシャー・オルニーのパンケーキ・レースは祝祭的伝統として残っています。

Chocolate Pudding 🇬🇧

いちごに囲まれたチョコレートプディング。プディングと言っても、「プリン」ではありません。卵、小麦粉、砂糖ベースの蒸しケーキです。チョコレートソースをかけていただきます。

Japanese Sweets

繊細な花びらは芸術作品のよう。
上生菓子のバラの中には餡が包みこまれています。

上生菓子 練り切りばら　アントルメサトウ ㈱佐藤菓子舗

Yuzu (Japanese Citron) Scones

クリームティーでは、イギリスの田舎町で出会うことのできる大きくてサクサク、フワフワなスコーンを忠実に再現しています。2月は日本ならではの柑橘を使用した柚子スコーン。季節限定の味を楽しむことができます。

イギリススコーンのおみせ
「CREAM　TEA ～クリームティー」

Table Arrangement

2月のテーブルは78cm×50cmのものを3つ使用し配置しています。大きなテーブルがなくても、広い間取りのお部屋でなくても、アレンジ次第です。

Table Cloth

デリシャスカラー　チェリー
テーブルレシピ（ブルーミング中西）

Table Flower

ラナンキュラス（ピンク）
エミリオ・ロバ事業部（イトキン）

村上茶の歴史

この地に初めて茶の種子がもたらされたのは、江戸時代初期（元和6年 1620年）といわれています。明治5年（1872年）になると村上茶は外国に輸出されるようになります。明治11年（1878年）には、緑茶とともに紅茶を製造。アメリカへの輸出も行われていました。

輸出用の桐の茶箱

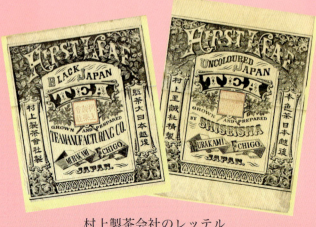

村上製茶会社のレッテル

雪国紅茶
（新潟県村上市）

カップ＆ソーサー
ニッコー㈱　エクスクイジット

雪国紅茶　冨士美園㈱

雪国紅茶（リーフ丸缶入）

雪国紅茶

茶産地の北限として知られる新潟県村上市。
古い歴史を持ち、明治初期には海外に輸出されていた村上の紅茶。
その後、時代による宅地開発とのはざまの中で、生産が途絶えてしまいますが、村上在来種の茶樹より紅茶を復活させたのが冨士美園の「雪国紅茶」です。
寒冷の新潟県であっても、雪が日本海の寒風から茶樹を守り、まろやかな味が生み出されると言われています。ほんのり甘みを感じる、優しい紅茶です。

明治26年（1893年）アメリカ　シカゴで開催された「コロンブス大博覧会」で村上茶が入賞。上掲は入賞時の賞状とメダル。

村上茶の茶摘みの風景

（村上市郷土資料館）

3月 一陽来復。西、東。

キリストの復活を祝うイースターは、春のおとずれを祝う祭りでもあります。チェーホフの短編に、「冬が戻ってきたようだ。明日は復活祭だというのに」という一節がありますが、日本ならさしずめ『暑さ寒さも彼岸までだというのに』といったところでしょうか。そんな日は暖かい紅茶をどうぞ。春はもうすぐです。

Cup Cake 🇬🇧

英国では老若男女から絶大な人気を集めているカップケーキ専門店「ローラズ」。ロンドンの有名デパート、ハロッズやセルフリッジにも出店されています。日本上陸により、ローラズのカップケーキが身近になりました♪色鮮やかで、見ているだけでも楽しくなるカップケーキですが、素材にこだわりがあり、親しみやすい味わいになっています。

カップケーキ　　Lola's cupcakes（ローラズカップケーキ）

3月のひな祭りにちなみ、オリジナルのカップケーキを作っていただきました。
日本限定3月バージョンの
ローラズカップケーキの誕生です！

カラフルなカップケーキが映えるよう、
ステンレスのメリーゴランド＆観覧車を
使用してのセッティングにしました。
見ているだけでも楽しくなります。

afternoon tea 28 March

Simnel Cake 🇬🇧

イギリスにはイースター（復活祭）といわれる大切なホリデー（休日）があります。シムネルケーキはイースターに食べる伝統的なケーキで、ドライフルーツをたっぷり使用したイギリスらしいフルーツケーキです。

上に乗っている11個の丸いお団子（マジパン）は、キリスト12使徒のうちユダを除いた11人を意味するといわれます。

＊マジパンとは砂糖とアーモンドの粉末をペースト状にしたものです。

Easter Biscuits 🇬🇧

イースターシーズンには、可愛らしいひよこやうさぎなどのビスケットを見かけることがありますが、もう一つ、イギリスの南西部で作られるイースタービスケットがあります。花柄縁のクッキーでカランツやスパイスを入れて焼き上げるもので、3枚一組にしてセッティングします。

大人のさりげない可愛らしさを感じます♪

Japanese Sweets

カボチャを使用したぴよぴよプリン。可愛すぎてスプーンを入れづらい…と感じるのは私だけでしょうか。卵の殻は陶器でできています。

ぴよぴよプリン　ストロベリーショートケーキ

Rice Cake Ohagi

京都 祇園にあるおはぎ専門店「小多福」。
素材を生かした8種のおはぎは、一つ一つ手作りで甘さ控え目の優しいお味。
ガラスの二段プレートにセッティングされた色とりどりのおはぎは、まるで宝石のようです。

おはぎ 小多福

Hakata Vidro

雛人形（GN-06） 博多びーどろ粋工房

博多ビードロ「粋工房」の熟練職人によってつくり上げられた雛人形。石川県金沢市の工芸用高級金箔が使用されています。
光の屈折により様々な表情を奏でる魅力的な作品です。

存在感がありながら、違和感を感じさせないテーブルの上の雛人形。ガラス工芸のなせる技なのでしょうか。
周囲と調和した輝きがとても美しいです。

色の異なるガラスを重ね合わせてつくられる福岡積層工芸ガラス。福岡積層工芸ガラスの技術を駆使し、博多びーどろのガラス製品をつくり上げているのが「粋工房」です。
1250℃の溶解炉でガラス原料を溶かし、ガラス生地を竿の先端で巻き取って色ガラスを重ね合わせていくのが基礎となるそうです。ガラス生地は職人の手により一つ一つ成形され、丹念につくり上げられていきます。

Table Cloth　Table Runner

デリシャスカラー バナナ
テーブルレシピ（ブルーミング中西）

ヒナアラレ

天の上紅茶
(熊本県水俣市)

カップ&ソーサー　個人所有

天の上紅茶　天の製茶園

天の上紅茶

無農薬・無化学肥料にこだわり続けている天の製茶園。標高約600mに位置する茶園は寒暖差に恵まれ良質な茶葉が育まれます。なかでも厳選された茶葉を完全発酵させた国産紅茶が「天の上紅茶」です。

生産者が熊本県「環境マイスター」に認定されている茶園で安全安心な環境のもと、健康に配慮したこだわりの和紅茶を作り続けています。

老舗和菓子店の紅茶羊羹に、天の製茶園の紅茶が使われているのは有名な話しです。

コクがあり、水色、香りもしっかりしていますが、優しい味なのでストレートでも楽しめます。

天の製茶園の茶畑

afternoon tea 31 March

4月 さくら・サクラ・櫻

桜は出会いと別れを象徴する花として、小説や映画などさまざまな作品に描かれてきました。誰の記憶の中にも忘れることの出来ない自分だけの思い出の桜がきっとあるはず。

　　吉野山 去年(こぞ)の枝折(しおり)の道かえて まだ見ぬ先の花を尋ねん　（西行法師）

このさき、どんな桜に出会えるでしょう。

栗あんババロア　さくら　小布施堂

桜のほのかな香りただようさくらのムース、クリーミーなババロア、濃厚な栗あんの三層仕立て。甘さ控えのまろやかな口当たりです。

純米シフォンケーキ　さくら　本家八ッ橋西尾㈱

創業1689年　本家西尾八ッ橋。
純米シフォンケーキは米粉100％でしっとりふわふわ。細かな桜葉の塩漬け入りで、桜が香るピンクのシフォンケーキです。

Japanese Sweets

Japanese Sweets

さくら饅頭　伊豆柏屋

伊豆特産の桜葉を煉りこんだ自家製のこしあんを使用。ほんのりピンクの「さくら饅頭」に桜の花の塩漬けがチャーミング。桜薫る、春限定の「さくら饅頭」です。

野菜ファインパウダー　明日葉　三笠産業（株）

明日葉のパウダーを使用した食パンとシンプルな食パンの2種を使い、桜えびとポテトサラダをアレンジしたサンドイッチ。桜えびの風味がほのかに香ります。

Japanese Sweets

金のカステラ 桜　まめや金澤萬久

桜が薫るピンクのカステラ生地に、金箔が施されています。
テーブルに春の訪れを感じさせる蝶と桜はとても美しく、カステラとは思えない特殊なカットが施されています。上段右にある角型のまま取分け、型抜きを楽しみながらいただけます。

Japanese Sweets

桜の有平糖　紫野源水

伝統的な飴細工にホレボレします。口にするべきか悩んでしまう「桜の有平糖」。優しい甘さに感じるのは普通の飴に比べ砂糖が多く使われているためでしょうか。

有平糖は安土桃山時代にポルトガルから伝えられた南蛮菓子の一つと言われ、当時は献上品として扱われる貴重な菓子でした。江戸時代に入り、砂糖の生成技術と流通量が多くなり庶民の手に届くようになったとされています。
『御前菓子秘伝抄』には氷砂糖を主として製法が示めされていますが、江戸時代には砂糖だけで作られる場合もありました。
現在は砂糖と水飴が使われています。

右は本邦初の菓子教本である『御前菓子秘伝抄』の最初に示されている「あるへいたう」(有平糖)の作り方。

国立国会図書館
ウェブサイトより転載

アイシングクッキー　松比良 明奈　Sugar Artist

アイシングクッキーとは、砂糖と卵白で作ったクリームを使用し、クッキーにデコレーションしたものです。
桜のはなびらの間を蝶が舞うイメージをテーブルに表現してみました。
松比良さんの作品は繊細な表現が豊かで、息をのむ素晴らしいものばかり。松比良ワールドに魅了させられます。

Japanese Sweets

桜の葉重ね　㈱京都吉祥庵

アーモンド使用のジョコンド生地に桜シロップ入りのスポンジ。こだわりのホワイトチョコと生クリームに桜の香をプラスした桜生チョコ。宇治抹茶を使用したブラウニー。3層が織り成すハーモニーをどうぞ。

抹茶のスコーン

ホワイトチョコがゴロゴロ詰まったスコーン。
抹茶のやさしい苦みとホワイトチョコが絶妙な味わいです。

丸子紅茶
（静岡県静岡市）

カップ＆ソーサー
著者作　ポーセラーツ作品

丸子の地で栽培・製造されている在来茶。
渋みが少なくとてもまろやかです。

丸子（在来茶）丸子紅茶

丸子紅茶

丸子紅茶は日本の紅茶発祥の地として知られています。
日本の緑茶紅茶の祖、多田元吉が明治8年（1875年）〜明治10年（1877年）かけて中国の紅茶産地やインドのダージリン、アッサムなどを巡り、紅茶製造の技術を持ち帰り、日本全国に広めました。
1881年（明治14年）になると、インド式製法で本格的な紅茶の生産が始まります。
その後、日本での紅茶生産は昭和初期をピークに衰退していきますが、丸子の地に紅茶の灯を消してはならないと、現在に至っているのが丸子紅茶です。

国立公文書館　アジア歴史資料センター

製茶業の発展と育成に功績のあった多田元吉（静岡県長田村字丸子）を従七位に推挙することを示す公文書。

Table Cloth　Table Runner　Table Runner

シノノメ　ピンク

ユメミソウ　ピンク
テーブルレシピ（ブルーミング中西）

ワカナ

静岡県
静岡市丸子

afternoon tea 40 *April*

ポーセラーツ（*Porcelarts*）

ポーセラーツは白磁器にお好みの転写紙、上絵具や金彩などを使用し、自由に絵付けを楽しむ実用性のあるクラフトです。今回４月のテーブルウェアをつくる！と意気込んで、ポーセラーツに初挑戦しました。何とかオリジナルのティーセットを作り上げることができました♪
時間を見つけて取り組んだ作品は、愛着もさることながら、完成したときの達成感は最高です。

協力　ポーセラーツサロン Chiara(キアラ)

5月 薔薇ノ木ニ薔薇ノ花サク。

『薔薇ノ木ニ薔薇ノ花サク。
ナニゴトノ不思議ナケレド』
バラの木にバラの花が咲く。この何の不思議もない当然のことを驚く心から芸術は生まれるのだと北原白秋は言います。そんな風に言われると、身近に咲くバラの花も違って見えるかも。
5月はバラを楽しんで。

この季節、あえて苺をたっぷり使用したチーズケーキ。
見栄をはっている訳ではありません…
どうしても作りたかったんです。そういう時ってありませんか。

Fat Rasukal 🇬🇧

イギリス ヨークシャー州ハロゲイトにベティーズ（Betty's）という有名なティーサロンがあります。「ファットラスカル」はベティーズの名物としてイギリス全土に知られている菓子で、ロックケーキまたはロックバンズのようにカランツやオレンジピールなどたくさんのドライフルーツが入っています。ドレンチェリーは日本でもどこか懐かしさを感じさせられますね。
「ファットラスカル」とは太ったいたずら坊やという意味で、ユーモアたっぷり。とても美味しい菓子ですが、うっかり食べ過ぎると「ファットラスカル」みたいになってしまうかも。

Cup Cake 🇬🇧

抹茶のカップケーキ　Bells cupcakes

イギリスの伝統的なレシピと厳選された材料をもとに、日本人に愛されるカップケーキを目指しているベラズカップケーキ。スタッフは全員シュガークラフトのスペシャリストということもあり、特別注文ではオリジナルデザインのカップケーキを楽しむことができます。

抹茶のパウダーを使用した食パンにハム、卵のシンプルなサンドイッチ。特に、抹茶の渋みがハムサンドの辛子バターとほどよくマッチしています。

Japanese Sweets

恋茶の心　伊藤久右衛門

生プリン外装の瓶にひきつけられてしまい、あえてこのままセッティングしました。オリジナルのソースといただく生プリン「恋茶の心」は違和感のない、濃厚な抹茶の風味とまろやかさが絶妙です。

afternoon tea 47 *May*

Dimbula
(Sri Lanka)

カップ＆ソーサー　個人所有

ディンブラ
スリランカを代表する紅茶の一つで1月のヌワラエリヤと同じハイグロウンティー（P15参照）。深いコクと香りが特徴的で、紅茶らしさを感じる方が多く人気のある茶葉の一つです。癖はなく、ストレートでもミルクティーにしても美味しくいただけます。アレンジティーにもおすすめです。

ディンブラの茶葉はBOPやBOPFなどの細かいものが多く抽出されやすいため、濃い紅茶の印象が強いのですが、クオリティーシーズンである1月～2月頃に少量だけ生産されるOPタイプがあります。こちらはストレート向きで、水色はきれいなオレンジ色。お花のような香りで優しい口当たりです。

紅茶には茶葉の大きさによる"等級"があります。OPやBOP、BOPFは等級のひとつです。

🍃 **OP（オレンジ・ペコー）** 1cm前後にねじられリーフで、芯芽が含まれる。水色は明るくうすいものが多く、香味が強い。

🍃 **BOP（ブロークン・オレンジ・ペコー）** OPのリーフをカットしたもので、芯芽も多く含まれる。市販品として需要が最も多い。水色は濃く香味が強い。

🍃 **BOPF（BOPファニングス）** BOPより小さいサイズのものでリーフが1～2mm。ブレンドに多く使用される。水色は濃く抽出が早い。

🍃 **D（ダスト）** リーフが1mm以下で、グレードとしては最小のもの。主にティーバッグとして用いられます。抽出が早く香味も強い。

🍃 **CTC（シー・ティー・シー）** Crush（押しつぶす）、Tear（ひきさく）、Curl（丸める）の略。短時間で抽出できる細かい茶葉をつくる製法です。リーフは粒上に丸い形状をしています。

Table Cloth

デリシャスカラー　ローリエ
テーブルレシピ（ブルーミング中西）

バンドクラフトによる
Afternoon tea

そもそも、バンドクラフトって何？と思う方いらっしゃいますよね…クラフト紙やカラー紙から紙糸がつくられ、その紙糸を並列に束ねたものが紙バンドとなります。紙バンドで様々な物を作りあげるクラフトなのですが、バンドクラフト作品を見る限り、紙とは思えない強さがあり目を見張る完成度です。

協力　小川敦子　菊川静香

白雪いちごの自家製茶

START

手摘み茶葉

手揉み

数日後

ホコリがつかないように自然乾燥

手揉み後

GOAL

フライパンで炒る

What's the difference?

茶葉の製造工程　あれこれ

紅　茶（発　酵　茶）……　摘採 → 萎凋 → 揉捻 → 発酵 → 乾燥
揉捻によって酸化酵素の働きが活発になる。

烏龍茶（半発酵茶）……　摘採 → 萎凋 → 揺青 → 殺青 → 揉捻 → 乾燥
殺青（茶葉加熱）により酸化酵素の働きを止める。

緑　茶（不発酵茶）……　摘採 → 蒸す(炒る) → 冷却 → 揉捻 → 乾燥
蒸すことで酸化酵素の働きを止める。

紅茶になるまで

摘　採　茶葉を摘み取ること。茶葉を一芯二葉で摘みます。

萎　凋　摘み取られた茶葉に含まれる水分を蒸発させます。
広い場所に茶葉が重ならないように広げ、内部の水分を蒸発させていきます。

揉　捻　ねじるように揉むことで、葉に残る水分を全体にいきわたらせてしっとりさせます。この時に葉の組織細胞を破壊させ、お茶の成分が浸出しやすいようにします。

発　酵　酸化酵素の働きで葉は緑色から鮮やかな赤褐色に変化していきます。
紅茶としての芳香を放ちます。

乾　燥　乾燥させます。この時に酵素の働きは止まります。

摘採
plucking

萎凋
withering

揉捻
rolling

発酵
fermentation

乾燥
firing

6月 プラントハンターからの贈り物

鬱陶しい梅雨にも楽しみはあります。雨に濡れる紫陽花を愛でるもよし、雨音を窓の外に聞きながらお茶を楽しむもよし。紫陽花は西洋に持ち込まれた日本のガクアジサイを品種改良したものだそうです。19世紀に世界中から珍しい花や樹をヨーロッパに持ち帰ったのはプラントハンターと呼ばれる人たち。茶の樹を中国から持ち出し、ダージリン地方の紅茶栽培に貢献したロバート・フォーチュンもその一人です。6月はプラントハンターからの贈り物を楽しんでみては。

紫陽花のオリジナル和Cake　　鎌倉創作和菓子 手毬

Japanese Sweets

和菓子を美しく、そして可愛らしく表現されている鎌倉創作和菓子の「手毬」。6月ということで紫陽花のオリジナル和Cakeを作っていただきました。
和菓子だという事を感じさせないため、作品をみた人の一声は、
「これは何の菓子ですか？」と…。
この言葉こそが、まさに創作和菓子の醍醐味！というべきではないでしょうか！！！
招く方までワクワクします。

富士山ようかん　　鎌倉創作和菓子 手毬

紫陽花のオリジナル「和Cake」。白餡と米粉ベースの浮島（蒸し菓子）に、練りきりの花で飾られています。

日本の象徴である富士をかたどった羊羹。お味は意外にもコーヒー味。食べる人の驚いた顔も楽しみの一つです。

カラフルな手毬の上生菓子は、見るものを芸術や伝統文化の世界に引きよせるだけにとどまらない魅力を感じさせます。伝統的な市松模様を用いて表現されているのは伝統工芸品である手毬。市松模様も手毬も知らなかったものではないのに、出来上がった和菓子の作品には新鮮な魅力が溢れています。何とも不可思議な時間の流れを感じさせてくれる作品です。
一つひとつ丁寧につくられる和菓子は、予約制の販売となっています。

市松手毬（手前）、手毬（奥）　　鎌倉創作和菓子 手毬

イギリスではベリー類の旬である5月から夏にかけてつくられる「サマープディング」。
ベリー類と砂糖を煮込み、食パンを敷き詰めた器に、煮込んだベリー類を詰めて一晩寝かせるという、イギリスらしい合理的なデザートです。ここまでベリーづくしのデザートは他にないと思いませんか？
個人的には生クリームや、アイスクリームと一緒にいただくのが好きです。

Summer Pudding 🇬🇧

Eton Mess 🇬🇧

いちご、メレンゲ、クリームでつくられるイギリスの伝統的なデザート「イートンメス」。
英国王族などの母校である由緒正しき全寮制の名門、イートン校にて提供されたことが名の謂われ。メスとは、ぐちゃぐちゃという意味があり、ぐっちゃと混ぜて召し上がる、というユニークな由来の諸説があります。6月に入り、苺が美味しい季節になるイギリスではこれを作る事が多くあります。苺の甘酸っぱさ、焼メレンゲのカリカリした食感、濃厚な生クリームが絶妙です。ぜひ、お試しください。苺は丸ごとが好きな私です。

Eccles Cake

野菜ファインパウダー　にんじん　三笠産業（株）

ランカシャー州のエクルズという町で販売されたのが由来とされる「エクルズケーキ」。スパイスを効かせたカランツ（小粒の干しぶどう）をパイ生地で包みこみ、グラニュー糖をふりかけて焼いたパイのケーキです。古くから愛されるエクルズケーキもまた、イギリスの伝統的なお菓子の一つです。
エクルズケーキの名称に、フライケーキ（ハエケーキ）など、ハエに因む呼び名がいくつか存在します。これはカランツをハエに見立てての表現のようですが、何とも言えない複雑さを感じるのは私だけでしょうか…

にんじんのパウダーを使用した食パンと厚切りロースカツのサンドイッチ。
学生の頃、イギリスからの留学生達とラグビーを見に行った際、観戦のお供にカツサンドをお持ちしたところ「Lovely！」だと喜ばれました。その時は付け合せのような気の利いたものを添えられなかったのですが、今思うとカツサンドには苦味の効いたクレソンが一番合うと思います。クレソンはイギリス人も大好きですしね。

Table Cloth　Table Runner

デリシャスカラー　ソーダ
テーブルレシピ（ブルーミング中西）

プリント　ヨヒラ

お気に入りです！！
テーブルレシピ　峰村聡子さん
６月はプレートにグリーンをほどこすセッティングが新鮮で、紫陽花のランナーとマッチしています。全体的に爽やかな印象を受けます。

東京紅茶
（東京都東大和市）

カップ＆ソーサー　個人所有

東京紅茶　お茶の木下園

東京紅茶

日本三大茶の一つとされる狭山茶。東京都内で生産される東京狭山茶にて製造された紅茶が東京紅茶です。「色は静岡、香りは宇治よ、味は狭山でとどめさす」と謳われているように、紅茶として香りもさることながら、お味は抜群です。大都市近郊としては驚くほど豊かな自然が残されており、ここからほど近い狭山丘陵が映画『となりのトトロ』の舞台モデルの一つになった話は有名です。

木下園の茶畑

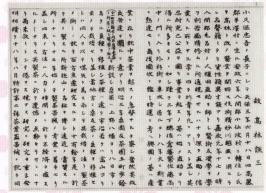

国立公文書館　アジア歴史資料センター

狭山茶の産地に近い川越の医師であった高林謙三は、「興国ノ基ハ産業ニ在リ」と製茶業を起こし、特に製茶機械の開発に功績がありました。なかでも「高林式茶葉粗揉機」は、手揉み動作を機械内部に備え付けたもので、製茶機械化への道を開く画期的な発明となりました。これはそのことを示す公文書です。

7月 金魚撩乱

今月のテーブル中央には涼しげな寒天菓子の金魚を配してみました。突然変異で誕生した赤いフナを品種改良することで生み出された金魚。今ではイギリス産のBristol shubunkinという品種まで存在しますが、新種を生み出すのはなかなか難しいもの。岡本かの子の『金魚撩乱』では、それまで顧みなかった掃き溜めから理想の金魚は生まれます。簡単に作り出すことが出来ないのも魅力の一つなのかもしれません。

Japanese Sweets

夏金魚　恵那川上屋

fukiyose KIT　UCHU wagashi

夏の限定商品である金魚鉢の和菓子「夏金魚」。ガラスの金魚鉢と共に、和菓子細工の見事な表現に心奪われる商品です。
金魚は一つとして同じものはなく、表情もさまざま。金魚鉢に少しずつ寒天を流しいれ、固まるとその上にパーツを置き、また寒天を流していくという繰り返しの作業。時間をかけ一つひとつ作られています。
外袋は祭りの金魚すくいの袋を見立ておりセンスも際立っています。
お味も見た目もバッチリな「夏金魚」です。

カラフルで可愛い落雁と色とりどりの金平糖。
人をわくわくさせたり、しあわせにする和菓子を目指しているというUCHU wagashi。まるで落雁が現代アートとして表現されたかのよう…
「fukiyose KIT」はさまざまなデザインがあり、楽しみになからいただけるfukiyoseです。
「swimmy」は名のごとく、まさにスイミーの世界。琥珀糖の魚と小さな魚たち「swimmy」と小さい魚たち「swimmy mini」は夏の限定商品です。

Japanese Sweets

swimmy　UCHU wagashi

afternoon tea 64 *July*

Coffee and Walnut Cake 🇬🇧

イギリスでは定番のケーキである「コーヒー＆ウォルナッツケーキ」。バタークリームをサンドしたコーヒー生地にクルミのトッピングという、いたってシンプルなコーヒーとくるみのケーキです。紅茶よりコーヒーで楽しみたいと思われる方もいると思いますが、コーヒー生地の風味を損なうことなくいただくのであれば紅茶をお奨めしたいです。

Japanese Sweets

コロコロしていて、とても可愛らしく、和の装いに感じる朴の葉もばっちりきまっている「夏のくり壱」。朴の葉は芳醇な香りと殺菌作用があるのでお皿の代用にされたり、お弁当を包んだり、暮らしに活用されていたとか。
「夏のくり壱」は栗きんとんを小豆の蒸し羊羹で包み、朴の葉で巻いたもの。蒸し羊羹なので口当たりがとても軽く感じられます。冬には、練り羊羹で栗きんとんを包む「くり壱」が楽しめるそうです。

夏のくり壱　恵那川上屋

Victoria Sandwich Cake 🇬🇧

「ヴィクトリア　サンドイッチ　ケーキ」は名のごとく、ヴィクトリア女王がお気に召したお菓子で、イギリスでは定番の代表的な存在。
いちごジャムをサンドし粉砂糖をふりかけた、どこまでもシンプルなケーキで、イギリス人好みのずっしりとしたスポンジが特徴です。
今回はミニホールバージョンで焼きあげています。

宇治茶
（京都府宇治市）

カップ＆ソーサー　個人所有

宇治茶

高級茶の代名詞、宇治茶。その歴史をひもとけば、栽培法や製茶法など、様々な改革がなされたことがわかります。伝統に安住することのない姿勢が今日の地位を築いたのです。茶に限った話ではありませんが、トップブランドは時の権力者に愛用され、御用達であることがさらにブランド価値を高めます。江戸時代、将軍家に茶をおさめるため、江戸と宇治とを往復した「御茶壺道中」なる一行は、たいへんに権威のあるものでした。ただ、一行が通る道筋の人々には、あまりありがたいものではなかったようです。家の「戸をピシャ」っと閉じて、一行が過ぎるのを待ちます。息を潜めるようにしていると、「俵のネズミがチューチューチュー」と米を喰う音がきこえます。やっと行列が「抜けた」ようです。やれやれ「ドンドコショ」。
そうです、童謡「ずいずいずっころばし」は、この御茶壺道中を唄ったものなのです。

Table Cloth　Table Runner

デリシャスカラー　エッグプラント　　ゲッショク
テーブルレシピ（ブルーミング中西）

英国アフタヌーンティーときゅうり

アフタヌーンティーの定番といえば、きゅうりのサンドイッチです。関心のない方には、貴族が始めた優雅なお茶の習慣のお供が、なぜきゅうりなのか不思議に思われるでしょう。きゅうりは英国の気象条件では生育が難しく、かつては大変高価なものでした。温室を備えた農園で使用人を使って育てたきゅうりをアフタヌーンティーに供する事ができるということは、それだけでもステイタスだったのです。

使用されるのは、一般に *European cucumber* や *English cucumber* と呼ばれるイボのない品種です。日本ではあまり流通しない品種ですので、今回は、比較的外見が近い、同じくイボのない『フリーダム』という品種と、普段私達がよく目にする白イボきゅうりとを比較してみました。欧米のスーパーマーケットの店頭に並ぶのは、日本の3倍ほどの大きさのものです。

右がフリーダム　提供（株）湘南キュウリ園

アフタヌーンティーの文化発祥の地 ウォーバンアビー（*Woburn Abbey*）

「ダウントン・アビー」というイギリスのテレビドラマが日本でも放送され、好評のようですが、同じくアビー（修道院）を起源に持つウォーバン・アビーという豪邸に、19世紀の中頃、一人の貴婦人が住んでいました。第7代ベッドフォード公爵夫人アナ・マリアです。彼女が、朝夕の2回だけという当時の食習慣による空腹を何とかしようと、夕方に友人を招いてお茶と軽食を振る舞うことにしたのが、アフタヌーンティーのはじまりと言われています。

ロンドンから一時間ほどの郊外にたつウォーバン・アビーは、現在では公開されていて、アフタヌーンティーを楽しみこともできます。それにしても、広大な敷地に囲まれた豪邸で、お腹をすかせていたというのもおかしな話ですが、貴族というのも大変なものですね。

Image Copyright Jim Bowen. This work is licensed under the Creative Commons Attribution Share Alike 2.0 Generic Licence. To view a copy of this licence, visit http://creativecommons.org/licenses/by-sa/2.0/

8月 収穫を祝って

テーブルに並んだ菓子を眺めてみると、材料として使われる穀物や乳製品の使用の有無など西洋と日本ではずいぶんと違うことがわかります。しかし、収穫を祝う気持ちに違いはありません。8月1日は初めて採れた小麦でパンを作って神に捧げる Lammas day。日本でも陰暦の八月一日（八朔）は、初穂の収穫を祝う日でした。どちらも行事として過去のものですが、収穫に感謝する気持ちは忘れたくありませんね。

8月といえば、出歩きたくない猛暑の月。そこにお子さんの夏休みやらお盆やらとあっという間に過ぎる日々…。この時期は「涼しくなったらお茶しましょう〜」という挨拶で終わることが多くありませんか？「それでも Tea Time！ちょこっとブレイクを！」
もてなす方も時間をかけずにすむ、カジュアルでさりげないセッティングにしました。

Carrot Cake 🇬🇧

砂糖が手に入りにくかった時代、砂糖の代わりに甘いニンジンを粗くすりおろして作られた「キャロットケーキ」。イギリスの伝統的なケーキのひとつで、ティールームで必ず見かけることができます。クリームチーズのフロスティングをたっぷりのせ、マジパンでにんじん細工をトッピング。可愛くて、身体にも優しい感じがしませんか。

Banoffi Pie 🇬🇧

　トフィー、バナナ、生クリームの三層になっている「バノフィーパイ」。コンデンスミルクをコトコト加熱しキャラメル色になったトフィーとバナナの相性がバッチリ！生クリームの上に削って振りかけるチョコレートの存在感もいうことありません。1972年「ハングリーモンク」というレストランで作られ、イギリス菓子としては比較的新しいスイーツですが、今もなお、イギリス全土で愛され続けています。私にとっては、大好きなイギリス菓子の一つである反面、日本のスイーツとして愛され続けるものはいかに…感慨深いものが込み上げるスイーツでもあります。

　ビーツの粉を使用したパンにポテトサラダと枝豆をサンド。赤いビーツの粉が焼き上がりのパンに反映されなかったのは少々残念です。

　いちごとチョコレートのムースにラズベリーピューレというシンプルさ。イギリス菓子のように非常に合理的に仕上げてみました。

Japanese Sweets
pon pon Ja pon

紙風船のようなパッケージにわくわくさせられる「ポンポンジャポン」。中に入っている菓子は"おこし"です！

アールグレイ紅茶　あみだ池大黒

"おこし"は全12種。
アールグレイをはじめ和洋様々なフレーバーを楽しむことが出来ます。バラエティーに富んだ「胡麻きんぴら」や「スパイスカレー」など、"おこし"として意外な美味しさがあります。
今回のテーブルには7種類をセッティングにしました。紙風船のような可愛さもそのままテーブルでアピールしています。

上段左からブルーベリーヨーグルト、胡麻きんぴら、スパイスカレー
下段左からいちごミルク、アーモンドカフェ、ドライフルーツ

pon pon Ja pon
全12種

ミルクチョコ　木苺チーズケーキ　なごみ黒糖　あみだ池大黒

Uda Pussellawa
(Sri Lanka)

カップ＆ソーサー　個人所有

ウダプセラワ

スリランカの新しい産地として誕生したウダプセラワ。赤みがかった綺麗なオレンジの水色で、適度な渋みとすっきりとした香りが特徴です。

ウダプセラワはもともとウバに分類されていた土地なので、ウバに近い場所でのクオリティーシーズンは7月〜9月。ヌワラエリヤに近い場所では1月〜3月になるため、年に2回のクオリティーシーズンがあります。

今回、紹介していないスリランカの産地にウバ、キャンディー、ルフナ、サバラガムワの銘柄があります。

Table Cloth　Table Runner

シツラエ　シノノメ　ゴールド
テーブルレシピ（ブルーミング中西）

ジャガード　シリウス　ブルー

9月 漱石と倫敦の焼き栗

夏目漱石が、ロンドン留学中にこんな句を詠んでいます。
　　絵所（えどころ）を栗焼く人に尋ねけり
明治34年。絵所とは、ロンドン郊外にある「ダリッジ絵画館」のこと。このころすでに神経衰弱に陥っていた漱石。異国の地で食べた焼き栗はどんな味がしたのでしょう。焼き栗の屋台は今でも冬のヨーロッパの風物詩です。

↑こちら、9月のテーブルセッティングと、P72-73の8月のテーブルセッティングは背景を同じにして、季節感とセッティングの比較を試みました。

カーテンの重厚感から9月のイメージは作りやすかったのですが、そこから8月のカジュアル感と清涼感に違和感がないよう、またシンプルさを引き出せるよう、表現するのに苦労しました。テーブルクロスを季節やテーマのイメージで変更することは簡単ですが、カーテンとなるとそういうわけにはいきません。アレンジの違いを確認したいとの思いから撮影をしていただきました。

イギリスの定番「レモンドリズルケーキ」。その名のごとく、霧雨（ドリズル）のように降りそそいだレモンアイシングがケーキの表面を伝っています。今回はパウンドケーキ型ではなく、ふんわりとした食感を楽しむためにクグロフ型を使用しています。生地はチョコマーブルのオリジナルとしましたが、レモンの皮のすり下ろしを加えて、レモンアイシングの上にはアーモンドスライスをのせました。

Scone 🇬🇧

Sandwiches

気軽にイギリス風のティータイムを楽しむなら、クリームティーがお勧めです。クリームティーとはスコーンにたっぷりのクロテッドクリームとジャムをつけ、濃いめのミルクティーにて頂くスタイル。お好みのスコーンに濃いめのミルクティーもさることながら、シンプルだからこそ、クロテッドクリームとジャムにこだわり、満足のいくクリームティーを心がけています。何といってもクリームティーは至福の時間ですから。

ハムときゅうりのサンドイッチに和がらしを使用。実は和がらしがよく合うんです！人参をレモンとオレガノでマリネしたサンドイッチは、さっぱりとしていてアフタヌーンティーにはかかせません。

Enakawa kamiya
恵那川上屋

恵那栗の産地として有名な岐阜県恵那市。栗を使用した和洋菓子店「恵那川上屋」では、伝統的な和菓子をはじめ、洋菓子も絶品揃い。
さくさくのパイ生地に、渋皮栗の洋風ペースト、栗きんとんのペーストとクリームを組み合わせた「栗山」は、栗を満喫できる最高の菓子となっています。

栗山　恵那川上屋

*J*apanese *S*weets

どこまでも栗にこだわった「栗のパウンドケーキ」生地にマロングラッセ、栗のブランデー漬け、渋皮栗のペーストが混ぜ込まれ、ケーキの表面には栗きんとんを練り込んだクッキー生地が…。
パウンドケーキは Tea Time にかかせません。

栗のパウンドケーキ　恵那川上屋

渋皮入りの栗の漉し粉が加えられているという栗サブレ。しっかりとした厚みがあり、「プレーン」「紅茶」「ココア」「黒糖」の4種類。木の葉のかたちから秋を感じさせられます。

栗サブレ山ノ栞　恵那川上屋

甘露煮の栗がトッピングされている「栗きんとんタルト」。和と洋2種類の栗きんとんが使用されているという生地。
杏子ジャムのほのかな酸味とアーモンドの香りが栗きんとんタルトをきわだたせています。

栗きんとんタルト　恵那川上屋

Japanese Sweets

マスカルポーネに埋め込まれた大粒の栗。見た目はシンプルに感じますが、マスカルポーネとタルト生地の間にキャラメル味のスポンジがあり3層になっています。お味があっさりとしているので、食べ過ぎに注意が必要です。

大粒栗とマスカルポーネのタルト　恵那川上屋

恵那栗の栗きんとんをガナッシュでくるんだ「ちょこきんとん」。栗きんとんとチョコレートは意外にも相性の良い組み合わせ。カカオのほろ苦さが栗きんとんに奥深い風味を添えています。

ちょこきんとん　恵那川上屋

『期間限定の商品もございます。詳しくはフリーダイヤル（P116）からお問い合わせ下さい』

afternoon tea 83 September

Tregothnan
(United Kingdom)

✣ 英国茶畑よもやま話 ✣

トレゴスナン

イギリスのコーンウォール州トゥルーロという町にトレゴスナンエステートがあります。イギリス初の茶園で、トレゴスナンエステートにて栽培された茶葉が購入ができるようになったのは2005年のこと。「トレゴスナン クラシックティー」はトレゴスナン茶園で収穫された茶葉と高級アッサムをブレンドした紅茶です。深い味わいなのでミルクティーにしても美味しくいただけます。

ピラミッド型のティーバッグ入り缶。リーフティー茶葉としても販売されています。

トレゴスナンエステートを所有するボスコーエン家は由緒ある一族で、何世紀もの間、多種にわたる園芸の最前線にありました。このような土地であったことから、イギリスにおけるお茶農園の草分けとなったのかもしれません。また、ボスコーエン家はベルガモットで香りづけされたアール・グレイ紅茶の名の由来となったチャールズ・グレイ首相の子孫にあたります。

Ogura

作家　木下和美

和食器　作家「木下和美」
白磁と銀彩が見事に調和しているカップ＆ソーサー。和食器の概念を打ち消し、空間を選ばず様々なスタイルの中で演出してくれる作品です。
今回、ソーサーデザインと同じオリジナルのプレートを製作していただきました。

オリジナルプレート
カップ＆ソーサー　白磁銀彩デミタスC&S ver2.1

Arthur Price of England
（アーサープライス・オブ・イングランド）

1902年に創業され、世代を超えて愛され続けているイギリスの老舗カトラリーブランド。アーサープライス・オブ・イングランドのカトラリーは豪華客船タイタニック号をはじめ、ロンドンのサボイホテルやリッツホテル等で愛用されてきました。

エリザベス女王、チャールズ皇太子より英国王室御用達認定証（ロイヤル・ワラント）を受けており王室へカトラリーを納めています。

左にあるカトラリーRitz（リッツ）は ロンドンのリッツホテルのアフタヌーンティーなどで使われたカトラリーで、1780年代のフランス王族スタイルをもとにデザインされたアーサープライス・オブ・イングランドのオリジナルデザインとされています。

Arthur Price of England　Ritz

Table Cloth　Table Runner

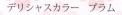
デリシャスカラー　プラム
テーブルレシピ（ブルーミング中西）

ジャガード　シリウス　グレー

10月 果物の王様

10月といえばハロウィン、ハロウィンといえばカボチャですが、アップルボビングや占いなどリンゴもまた重要なアイテムです。リンゴほど人類の歴史とリンクした果物はないでしょう。アダムとイヴを楽園から追放し、ニュートンに万有引力の法則のヒントを与え、その名を冠した会社は今や時価総額世界一です。ドリアンを果物の王様と呼びますが、リンゴにこそ、その名はふさわしい！と、白雪いちごが言うのもなんですが。

かぼちゃ鍋　北の菓子舗 壺屋総本店

ゴールデンアップル・カムイ　北の菓子舗 壺屋総本店

Japanese Sweets

契約農場で育まれた自慢のかぼちゃを使用し、北海道産の小豆餡、とろろ昆布入りのかぼちゃ餡を包み、パイ生地で焼き上げられたかぼちゃ鍋。小豆餡とかぼちゃ餡に挟まれたクリームに和洋を感じさせられながら、まろやかな味わいに笑みがこぼれます。

丸ごと煮つめたリンゴをフレッシュバター100％のバームクーヘンで包み、丸く焼き上げられたゴールデンアップル・カムイ。「カムイ」は神々の集うところを意味するアイヌ語だそうです。バームクーヘンは甘すぎず、煮詰めたリンゴはほんのりとした甘みと食感のバランスが良く、とても上品なお味になっています。

Sticky Toffee Pudding 🇬🇧

デイツ（ナツメヤシ）が入っているしっとりあま〜いプディングに、濃厚で温かいトフィーソースをかけ、アイスクリームを添えていただくのが定番。英国で人気のあるスティッキー・トフィー・プディングです。今回は生クリームを添えています。
私の大好きなプディングですが、イギリス カートメルという小さな町で食べたスティッキー・トフィー・プディングの第一声は「あま〜い」そして「おいし〜い」と続いた事を記憶しています。
トフィー＝クリーム＋ブラウンシュガー＋バターとなり、日本では黒砂糖で代用することもあります。カロリーは確実に高いです。

afternoon tea 90 *October*

Apple Pie

国産のリンゴを使用した、シンプルなアップルパイ。アップルパイだけに自家製パイが一番の好み！と思うは私だけでしょうか…。生クリームやカスタードクリームを添えていただくのが好きです。
パイの手前にあるのは、くちばしが黄色の黒い鳥「パイバード」。こちらはイギリスのパイファネル（パイの煙突）と言われ、パイを焼くときに中央に置き、パイの中の蒸気を逃す役割をしてくれるものです。イギリスではトラディショナルなパイバードですが、今回はアップルパイの近くに登場していただきました。

Bramley Apple from Japan

程よい酸味がしっかりと感じられるブラムリーアップル果実ゼリー。リンゴの形をしている可愛さとはうらはらに、ブラムリーの特徴をしっかりアピールしているゼリーです。

ブラムリーアップル旬の果実ゼリー　小布施屋

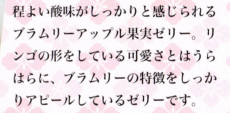

ブラムリーよもやま話

イギリスでは生のままで食べるリンゴを「デザートアップル」、料理していただくリンゴを「クッキングアップル」と呼び、区別されています。ブラムリーは、英国でクッキングアップルとして不動の人気を獲得しているリンゴで、1883年には英国王室園芸協会から最高賞（FFC）を受賞しています。加工に適した爽やかな酸味があり、主な用途は肉料理、菓子やソース類にも適しています。「ブラムリーアップル」の発祥の地であるノッティンガム州サウスウェル町には約200年前のブラムリーの原木が残る邸宅もあるそうです。

ブラムリーアップルジャム　小布施屋

爽やかな酸味と甘味が絶妙なジャム。どんな料理に合わせるかアレンジが楽しめそうです。10月のサンドイッチに使用しています。

ゼリーのイエ

1988年福島県いわき市小名浜の自宅の庭を改装しスタートしたというゼリー専門店「ゼリーのイエ」。オリジナルのゼリーは一つひとつ手作りで、外側のゼリーと中のムースが程よく絡み美味。実はティータイムに欠かせないスイーツなのかもしれない？！と。
色とりどりのゼリーは見ているだけでもハッピーになります。

ゼリーのイエ

左上から、① ひなまつり、② イチゴゼリー、③ オレンジゼリー、④ メロンゼリー、⑤ ブルーハワイゼリー、⑥ カシスゼリー、⑦ ミルクチョコゼリー、⑧ キャラメルムース、⑨ ブルーベリーヨーグルト、⑩ アセロラミックスゼリー、⑪ トロピカルゼリー、⑫ 桜の花ゼリー

野菜ファインパウダー　かぼちゃ　三笠産業（株）

ローストポークをメインにアクセントとしてブラムリーのジャム、バターの代わりにサワークリームを使用しました。コクがありさっぱりとしているサンドイッチです。パンはかぼちゃの野菜パウダー入りです。

Table Cloth Table Runner

デリシャスカラー　パプリカ　　　　ジラフ
テーブルレシピ（ブルーミング中西）

Assam (India)

アッサム

インド北東部にあるアッサム地方で収穫される紅茶。4〜5月に摘まれるファーストフラッシュは水色・味わいともに控えめですが、6〜7月のセカンドフラッシュはアッサム特有の味わい深いコクと濃いめの水色が楽しめます。茶葉の約90パーセントがCTC製法（P48参照）でミルクティー向きに仕上げられているのも特徴の一つです。
茶葉写真上段がセカンドフラッシュ。下段はCTC製法です。

11月 伝統的で先進的な国

今月は紫の映えるセッティングにしました。古来、紫は高貴な色とされてきましたが、それは単に染料が希少で高価だったからのようです。なんだか興醒めな話ですが、人工染料が開発された今でもノーブルな印象は変りません。世界初の人工染料はイギリスで生み出された紫。英国は保守的な国だと言われますが、英国発の世界初は数知れず。産業革命や議会制度、ロックやファッションなど、伝統を重んじる国は世界で最も先進的な国でもあります。

Japanese Sweets

みかんロール　お菓子体験工房 バレンシア畑

輪切りのみかんが特徴的なロールケーキを贅沢にカットしてセッティングしました。バレンシア畑で使われる柑橘類は季節によって様々。しかも種類が豊富。その季節による柑橘類のロールケーキをいただけるのも楽しみの一つです。今回は温州みかんより少し大きめのネーブルを使用しています。ロール生地はもちもちで、生クリームとフルーツクリームの二本立てがとても爽やかな味わいになっています。

Japanese Sweets

リンド　Festivalo

アントシアニンたっぷりの特別な唐芋「アヤムラサキ」を素材に「コガネセンガン」も生かされた「リンド」は、色彩はもちろん、エレガントな味わいを楽しめます。大丸松坂屋百貨店の限定商品です。

ラブリー　Festivalo

鹿児島の誇る唐芋「黄金千貫」（コガネセンガン）が素材のラブリー。「黄金を千貫積んでも食べたい芋」という由来があり命名された唐芋だとか。ほんのり甘く、なめらかな食感は唐芋ならでは！大満足のスイーツです。

Japanese Sweets

東京ラブリーモンブラン　Festivalo

「ラブリー」をベースにし、珍しい紫の唐芋と高級国産栗をブレンドし贅沢にバージョンアップされた「東京ラブリーモンブラン」。贅沢な唐芋のレアケーキです。

さつま小町（かるかん巻 紫芋、安納芋）　風月堂

鹿児島産伊佐の山芋と国産米粉を使用した「かるかん」の生地に、種子島産の安納芋餡と紫芋餡を巻きあげた「さつま小町」。手作りのため、大量生産が難しい商品となっています。
山芋、安納芋、紫芋と贅沢な素材使用の芋かるかんです。

野菜ファインパウダー　むらさき芋　　三笠産業（株）

むらさき芋のパウダーを使用したした食パンを使用。フィリングはコンビーフとピーマンとオニオン、アボカドとゴーダチーズの二種類です。

Dundee Cake

スコットランドのダンディーという町で誕生したのが由来とされるダンディーケーキ。ドライフルーツたっぷりのケーキであることはもちろんですが、オレンジピールが入っている点とアーモンドが敷き詰められているのがダンディケーキの特徴です。
イギリスの人々のクリスマスケーキとしても親しまれています。

Japanese Sweets

肥後三彩（ヒゴサンサイ）　菓創 くまもと銀彩庵

大津産唐芋とバターをあわせたクリーミーな芋餡と小豆餡が二層に重ねられ、アヤムラサキ芋が練り込まれている、しっとりしたしぐれ風のケーキ生地で包まれた菓子。肥後"三彩"が見た目とお味に表現されています。

紫音（シオン）　菓創 くまもと銀彩庵

しっとりとしたスティックタイプのベイクドチーズケーキの紫音。大津産唐芋とクリームチーズのバランスにこだわり、何度も試行錯誤を重ね辿りつくことができたお味とのこと。アヤムラサキ芋の天然色で色付けした生地も魅力です。

洋梨のアーモンドタルト

日本で味わえる 🇬🇧 イギリス菓子 🇯🇵
Swan & Lion

spiced pear and almond tart　Swan & Lion

カラーテーマである紫のイメージを取り入れたイギリス菓子をお願いしたところ、Swan & Lion のイアン氏が提案してくれたのは洋梨のアーモンドタルト。プラムのコンポートが入ったアーモンド風味のカスタード生地に、スターアニスとバニラを加えた赤ワインで煮込んだ洋梨をのせ、焼き上げてくれました。洋梨のほんのりとした藤色とタルトの焼き加減に感動しながら、フルーツに挟まれたアーモンドとカスタード生地のタルトに笑顔がつきません。Swan & Lion では様々な英国菓子に対応しています。

月紫（ツキムラサキ）　菓創 くまもと銀彩庵

大津産唐芋をじっくり炊き上げた芋餡を、アヤムラサキ芋を練り込んだ生地で包んだ月紫。紫色の生地と芋餡の黄色の色合いがとても美しい。口あたりがなめらかでしっとりとした饅頭です。

Darjeeling (India)

カップ&ソーサー 個人所有

ダージリン

インド北東部にあるダージリン地方で収穫・生産される紅茶。ヒマラヤ山麓に位置している為、日中と夜間の寒暖差から発生する霧によって独特の香味がつくりだされる茶葉です。「紅茶のシャンパン」ともいわれるほどで、世界三大紅茶のひとつとして数えられています。生産期は3～11月までで、シーズンによって味も香りも大きく違ってきます。

Ogura

和紅茶紹介／如春園
（神奈川県小田原市）

カップ＆ソーサー　著者作製のポーセラーツ作品

こゆるぎ紅茶 春摘みファーストフラッシュ

こゆるぎ紅茶 夏摘みセカンドフラッシュ

如春園
（じょしゅんえん）

小田原地域に根ざした緑茶と紅茶の生産をされている如春園。農薬不使用の「こゆるぎ紅茶」は、春摘みのファーストフラッシュと夏摘みのセカンドフラッシュをお楽しみいただけます。

春摘みファーストフラッシュは、発酵の時間が短く、フルーティでフレッシュな若芽の香味と渋みが生かされている紅茶です。芳香な香りを意識し、発酵時間を長くとっているセカンドフラッシュ。優しく上品な味わいを楽しめます。

Table Cloth

デリシャスカラー　フィグ
テーブルレシピ（ブルーミング中西）

Ogura

お茶の神様　ティー・ディバ（Tea Deva）

紅茶の擬態生物ティー・ディバは1991年、世界ではじめてインドにあるマカイバリ茶園で発見されました。昆虫が身を守るために擬態化するのは珍しいことではありませんが、葉の細部にわたり、見事な擬態がなされていると思わず感動してしまいます。どのような遺伝子変化がもたらしたものなのでしょう。気になりませんか…。

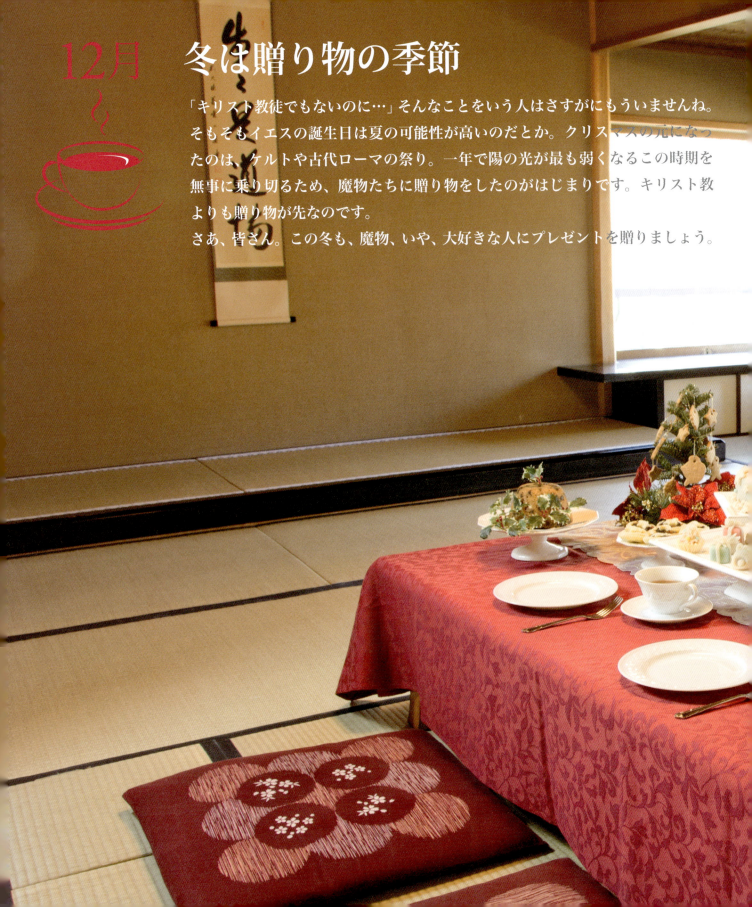

12月 冬は贈り物の季節

「キリスト教徒でもないのに…」そんなことをいう人はさすがにもういませんね。そもそもイエスの誕生日は夏の可能性が高いのだとか。クリスマスの元になったのは、ケルトや古代ローマの祭り。一年で陽の光が最も弱くなるこの時期を無事に乗り切るため、魔物たちに贈り物をしたのがはじまりです。キリスト教よりも贈り物が先なのです。

さあ、皆さん。この冬も、魔物、いや、大好きな人にプレゼントを贈りましょう。

Japanese Sweets

クリスマスといえば、家族とのディナーやパーティーなど様々な過ごし方があることでしょう。それとは別に友人とのアフタヌーンティーは、静かな落ち着きのある和空間でのひとときも良いのではないでしょうか。

和のホワイトクリスマスケーキとして、鳥居さんにオリジナル和ケーキをつくっていただきました。クリスマスに必須であるプレゼント、ベル、ツリー、トナカイは上生菓子です。ファンタジーな鳥居ワールドを楽しむことができます。

クリスマス和ケーキ＆上生菓子　鳥居満智栄

Mince Pie 🇬🇧

ミンスミートがたっぷり入った小さなパイ、英国のクリスマスには欠かせない大人気の菓子です。ハリーポッターの映画にも登場するミンスパイですが、英国には、あるジンクスがあります。クリスマスから十二夜（公現節）までの12日間に毎日1個、計12個のパイを食べると、新しい年に幸運が訪れるというもの。この時期、人々の食卓にミンスパイが飾られるのも分かる気がします。

＊ミンスミートは数種類のレーズンや柑橘系ピール、リンゴ、ナッツ等をスパイス、シュガーと一緒にラム酒やブランデーに浸け、煮込んだものです。英国では伝統的な保存食でもあります。

クッキーで飾り付けをした、クリスマスツリー。
子供に大人気です。

富士山の形をしたシフォンケーキ「ふじフォン」。とにかく、ふわふわの生地に甘味が程よく、まろやかな口当たり。

素材は地元より厳選された、卵、牛乳が使用され、安心・安全なシフォンケーキとなっています。パウダーシュガーで雪をイメージした壮大な富士はサプライズにもぴったり。ふじフォンのサイズも様々あるので、来客に応じて楽しめます。

ふじフォン（プレーン）　シフォン富士

野菜ファインパウダー　れんこん　三笠産業（株）

れんこんのパウダーを使用した食パンとシンプルな食パンの2種類を使い、スモークサーモンとキュウリをクリームチーズで挟んだサンドウィッチ。クリームチーズを使うことで、さっぱりとしたコクが味わえます。

Christmas Pudding 🇬🇧

ドライフルーツがたっぷり入った英国伝統のクリスマスケーキ。弱火でゆっくり蒸し上げてつくられ、温めていただくのがクリスマスプディングです。日本のクリスマスケーキからは想像しにくいものかもしれません。ブランデーをかけ、フランベした際の青い炎の演出は魅力的です。アイスクリームをかけていただくのも美味です。

屋久島紅茶
(鹿児島県屋久島町)

カップ＆ソーサー　個人所有

屋久島紅茶　屋久島八万寿茶園

屋久島紅茶

屋久島産100％の日本茶品種で作られた屋久島紅茶は、化学肥料を一切使わず、自園・自社工場で生産されています。茶工場を含む、茶園全域が有機JAS認定を受けており、有機栽培へのこだわりが感じられる茶園です。
茶葉は渋みが少なく、ほんのりとした甘みが感じられ、ストレートでもおいしくいただけます。

愛子岳の麓に位置している八万寿茶園は寒暖差に恵まれたお茶の栽培に適している場所です。

八万寿茶園の茶畑

afternoon tea 111 *December*

撮影協力

<テーブルクロス協力>

ブルーミング中西株式会社　テーブルレシピ

東京都中央区日本橋人形町 3-5-1
http://table-recipe.com/shop/
TEL：0120-144-964
販売が終了した商品もございます。
詳細についてはお問い合わせ下さい。

<カトラリー協力、トレゴスナン紅茶>

Little Ben Shop

Lichfield Staffordshire United Kingdom
http://www.littlebenshop.co.uk/
ご利用に関し、ご質問などございましたら、HPの「お問い合わせ」ページより当店までお気軽にお問い合わせください

<イギリス菓子協力>

前田由美子 ／ 紅茶教室 theiere 主催

東京都八王子市みなみ野
https://www.theiere.jp/
TEL：042-637-6231
お問い合せは、HPのお問い合せページよりお願いいたします。

<サンドイッチ協力>

SHUN CLUB

中嶋和美

撮影協力

1 月

鶴屋吉信
京都府京都市上京区今出川通堀川西入
（西陣船橋）
TEL：075-441-0105
http://www.turuya.co.jp/

CREAM TEA ～クリームティー（現在一時休業中）
北海道札幌市東区北8条東5丁目18-23
TEL：011-741-3711
http://creamtea-japan.com/

THE SANDWICH HOUSE 55
東京都渋谷区渋谷3-15-1
TEL：03-3406-7355

ニッコー株式会社　東京ショールーム
東京都千代田区西神田3-8-1
千代田ファーストビル東館1F
TEL：03-5214-1540
http://www.nikko-company.co.jp

イトキン株式会社　エミリオ・ロバ事業部
東京都渋谷区千駄ヶ谷3-1-1
イトキン原宿ビル3F
TEL：03-3478-5164
http://www.itokin.net/emilio_robba/

NPO法人日本てまり文化振興協会
東京都台東区元浅草2-8-4
TEL 03-3844-0667
携帯 090-4058-2689
info@temari-npo.jp
＊事務所が北品川より変更になっています。

加賀てまり　毬屋
石川県金沢市南町5-7　小出南ビル
TEL：076-231-7660
http://kagatemari.com/

2 月

アントルメサトウ（株）佐藤菓子舗
青森県南津軽郡藤崎町大字藤崎字村岡27
TEL：0172-75-2217
FAX：0172-75-2837
https://ja-jp.facebook.com/entremetssato/

CREAM TEA ～クリームティー（現在一時休業中）
北海道札幌市東区北8条東5丁目18-23
TEL：011-741-3711
http://creamtea-japan.com/

冨士美園
新潟県村上市長井町4-19
TEL：0254-52-2716
http://www.fujimien.jp/

ニッコー株式会社　東京ショールーム
東京都千代田区西神田3-8-1
千代田ファーストビル東館1F
TEL：03-5214-1540
http://www.nikko-company.co.jp

イトキン株式会社　エミリオ・ロバ事業部
東京都渋谷区千駄ヶ谷3-1-1
イトキン原宿ビル3F
TEL：03-3478-5164
http://www.itokin.net/emilio_robba/

村上市郷土資料館
新潟県村上市三之町7-9
TEL：0254-52-1347
http://www.iwafune.ne.jp/~osyagiri/

撮影場所 1月2月
シェアサロン/レンタルサロン　ist Village 東京
東京都千代田区東神田1-8-11　森波ビル6階
TEL：03-3866-5677
http://www.ist-village.com

撮影協力

3 月

小多福（祇園）
京都府京都市東山区小松町 564-27
TEL：075-561-6502

LOLA'S Cupcakes Tokyo
東京都渋谷区神宮前 1-10-37 カスケード原宿 2 階
TEL：03-6447-1127
http://lolascupcakes.co.jp/

ストロベリーショートケーキ
埼玉県北葛飾郡杉戸町 堤根 25-2
TEL：0480-38-4543
営業時間 AM10:00 ～ PM7:00（水曜日定休）

サンドイッチ野菜ファインパウダー
三笠産業株式会社　愛菜事業部　1 課
山口県山口市小郡山手上町 1-10
TEL：083-973-0736
http://www.benriyasai.jp

天の製茶園
熊本県水俣市石坂川 370-85
TEL：0966-69-0918
http://amanoseicyaen.web.fc2.com/

粋工房株式会社 / 博多びーどろ
福岡県宗像市田野 2331 番地
TEL：0940-62-0272
http://www.rakuten.co.jp/suikoubou/

撮影場所　豊島区立目白庭園　赤鳥庵
東京都豊島区目白 3-20-18
TEL：03-5996-4810
http://www.seibu-la.co.jp/mejiro-garden/

4 月

小布施堂
長野県小布施町 808
TEL：026-247-2027
http://www.obusedo.com/

株式会社 京都吉祥庵
京都府京都市南区吉祥院池ノ内町 32
TEL：0120-213-151
http://store.kisshoan.co.jp/
「桜の葉重ね」販売期間：3 月～5 月
（数量限定につき、なくなり次第終了）

紫野源水
京都府京都市北区小山西大野町 78-1
TEL：075-451-8857

本家八ッ橋西尾株式会社
京都府京都市左京区聖護院西町 7
TEL：075-761-0131
http://www.8284.co.jp/

まめや金澤萬久 本店
石川県金沢市岩出町ハ 50-1
TEL：076-258-3366
http://www.mameya-bankyu.com/

いで湯菓子処「伊豆柏屋」
静岡県伊東市中央町 3 番 7 号
（キネマ通りアーケード内）
TEL：0557-37-1322

JILL's Sugar Collection　松比良明奈
http://www.sugar-collection.com
オーダーは受け付けておりません。
レッスンに関するお問い合わせは下記のメールアドレスよりお願いします
info@sugar-collection.com

撮影協力

4 月

サンドイッチ野菜ファインパウダー
三笠産業株式会社　愛菜事業部　1課
　山口県山口市小郡山手上町1-10
　TEL：083-973-0736
　http://www.benriyasai.jp

丸子紅茶
　静岡県静岡市駿河区丸子6775
　TEL：054-259-3798
　http://www.marikotea.com/

ポーセラーツサロン Chiara(キアラ)
　東京都千代田区三番町
　http://ameblo.jp/akikoblog0914/
　お問い合わせは salon.de.chiara@gmail.com
　もしくは上記アドレスのお問い合わせフォーム
　より。

撮影場所　豊島区立目白庭園　赤鳥庵
　東京都豊島区目白3-20-18
　TEL：03-5996-4810
　http://www.seibu-la.co.jp/mejiro-garden/

5 月

伊藤久右衛門　本店・茶房
　京都府宇治市菟道荒槙19-3
　TEL：0120-27-3993
　http://www.itohkyuemon.co.jp/

Bellas Cupcakes
　東京都港区高輪2-1-6
　TEL：03-6447-7279
　http://www.bellas-tokyo.com/

バンドクラフト
　衛兵人形：小川敦子
　(HP:Kamihimo) http://www.ijigen.com/~e-shop/
　アフタヌーンティーセット：菊川静香
　http://yaplog.jp/yuua_eco/

撮影場所　シャンピオンヌ
　東京都豊島区西池袋3-25-10 リバーストーン
　ビルB1&7F
　TEL：03-6914-1239
　http://www.boxing-championne.com/

● 撮影協力 ●

6 月

株式会社　手毬
神奈川県鎌倉市坂ノ下 28-35
TEL：0467-33-4525
http://www.temari.info
info@temari.info
基本オーダーメイドでお作りしておりますので鎌倉での店頭販売は致しておりません。

お茶の木下園
東京都東大和市清水 5-1089-1
TEL：042-565-1627

サンドイッチ野菜ファインパウダー
三笠産業株式会社　愛菜事業部　1 課
山口県山口市小郡山手上町 1-10
TEL：083-973-0736
http://www.benriyasai.jp

撮影場所　シャンピオンヌ
東京都豊島区西池袋 3-25-10 リバーストーンビル B1&7F
TEL：03-6914-1239
http://www.boxing-championne.com/

7 月

株式会社　恵那川上屋
岐阜県恵那市大井町 2632-105
TEL：0120-05-2470
http://www.enakawakamiya.co.jp/
期間限定の商品および撮影当時から変更になっている場合もございます。詳しくはフリーダイヤルからお問い合わせ下さい。

UCHU wagashi 寺町店
京都府京都市上京区寺町通丸太町上ル信富町 307
TEL：075-754-8538
http://uchu-wagashi.jp
スイミーとスイミーミニは夏季限定商品のため 8 月から 9 月末まで。
fukiyose KIT は通年でご用意しています。

撮影場所　シャンピオンヌ
東京都豊島区西池袋 3-25-10 リバーストーンビル B1&7F
TEL：03-6914-1239
http://www.boxing-championne.com/

8 月

pon pon Ja pon 髙島屋　大阪店(地階 和菓子コーナー)
大阪府大阪市中央区難波 5-1-5
TEL：0120-36-1854（あみだ池大黒お客様相談窓口）
http://www.ponponjapon.com/

撮影場所　シャンピオンヌ
東京都豊島区西池袋 3-25-10 リバーストーンビル B1&7F
TEL：03-6914-1239
http://www.boxing-championne.com/

撮 影 協 力

9 月

株式会社　湘南きゅうり園
神奈川県平塚市城所292
TEL：0463-54-1183
http://nouka.tv/kijima_engei/

株式会社　恵那川上屋
岐阜県恵那市大井町2632-105
TEL：0120-05-2470
http://www.enakawakamiya.co.jp/
期間限定の商品および撮影当時から変更になっている場合もございます。詳しくはフリーダイヤルからお問い合わせ下さい。

GALLERY 直向(ひたむき)/木下和美作品
京都府京都市中京区寺町通御池上ル
TEL：075-221-8507
http://www.hitamuki.com
木下和美の作品のお問い合せは、『GALLERY 直向』までお願いいたします。

撮影場所　シャンピオンヌ
東京都豊島区西池袋3-25-10 リバーストーンビル B1&7F
TEL：03-6914-1239
http://www.boxing-championne.com/

10 月

株式会社 壺屋総本店
北海道旭川市忠和5条6丁目5-3
TEL：0120-42-7248（9：00～17：00）
http://www.tsuboya.net/

ゼリーのイエ
福島県いわき市小名浜寺廻町7-16
http://www.zerry-house.com/
ご注文等につきましてはホームページをご覧ください。

小布施屋
長野県上高井郡小布施町大字中松496-1
TEL：026-242-6600
http://www.obuse-ya.jp/

サンドイッチ野菜ファインパウダー
三笠産業株式会社　愛菜事業部　1課
山口県山口市小郡山手上町1-10
TEL：083-973-0736
http://www.benriyasai.jp

撮影場所　西麻布ガーディアン
レンタルスペースとしてのご利用は現在出来ません。

◆━━━━━━━━━━━━━ 撮 影 協 力 ━━━━━━━━━━━━━◆

11 月

株式会社フェスティバロ社
鹿児島県鹿屋市上野町 1869
フェスティバロ　みなみ風通販部
TEL：0120-75-9320
FAX：0120-77-7772
http://www.festivalo.co.jp/

菓創くまもと銀彩庵
熊本県熊本市東区小山 3-5-7
TEL：0120-27-3883(受付時間 9:00〜17:00)
http://www.ginsaian.com/

風月堂
鹿児島県鹿児島市谷山港 1-3-23
TEL：0120-08-4161
http://www.fugetsudo.biz/

お菓子体験工房『バレンシア畑』
和歌山県田辺市上秋津 4558-8
秋津野ガルテン内
TEL：0739-35-1187
http://valencia.agarten.jp

サンドイッチ野菜ファインパウダー
三笠産業株式会社　愛菜事業部　1課
山口県山口市小郡山手上町 1-10
TEL：083-973-0736
http://www.benriyasai.jp

SWAN & LION
東京都千代田区九段南 3-5-4 T-PLACE 九段 1F
TEL/FAX 03-6884-3448
www.swanandlion.com
info@swanandlion.com
＊お問い合わせはメールにてお願いします。

撮影場所　豊島区立目白庭園　赤鳥庵
東京都豊島区目白 3-20-18
TEL：03-5996-4810
http://www.seibu-la.co.jp/mejiro-garden/

12 月

鳥居満智栄（創作和菓子）アンネルネ　マチエル
HP：http://members3.jcom.home.ne.jp/
cookie.dream/anerner/
フェイスブック：https://www.facebook.com/
annerner/?ref=aymt_homepage_panel
ブログ：http://annerner.exblog.jp
wagashitorii@jcom.home.ne.jp
お問い合わせは、お名前、ご住所、ご連絡先を
明記のうえ上記のアドレスにメールでお願い致
します。また、通常の販売は致しておりません。
特注となりますのでご了承下さい。

シフォン富士
山梨県富士吉田市大明見 2-23-44
TEL/FAX 0555-24-8488
お問い合せは、電話、ファックス、メール
（info@chiffonfuji.jp）にてお願いいたします。

屋久島八万寿茶園
鹿児島県熊毛郡屋久島町小瀬田 532-24
TEL：0997-43-5330

撮影場所　豊島区立目白庭園　赤鳥庵
東京都豊島区目白 3-20-18
TEL：03-5996-4810
http://www.seibu-la.co.jp/mejiro-garden/

和紅茶紹介／如春園
神奈川県小田原市板橋 886-64
TEL/FAX：0465-44-4365
www.joshunen.jp

著者　白雪いちご

1969年生まれ。
ベティーズクッカリースクール（英国　ハロゲイト）、
スリランカティーボード（スリランカ　コロンボ）にて
英国菓子、紅茶を学ぶ。
ティーコーディネーター。
英国ティーカウンシル認定ティーマイスター。

和テイストで楽しむ英国アフタヌーンティー

著者　白雪いちご
初版発行／2017年4月

発行者／加藤　幸子
発行所／図書出版　ジュピター書房
　　　　102-0081　千代田区四番町2-1
　　　　電話　03-6228-0237
　　　　振替　00140-5-323186
　　　　HP：http://jupiter-publishing.com/
　　　　Mail：info@jupiter-publishing.com
印刷・製本／モリモト印刷株式会社

©2017 Ichigo Shirayuki

Published by JUPITER-SHOBO Tokyo Japan.
Printed in Japan.

乱丁、落丁本はお取り換えいたします。

ISBN　978-4-9907483-9-5